Erich Fried
Wächst das Rettende auch?
Gedichte für den Frieden

Erich Fried

Wächst das Rettende auch?

Gedichte für den Frieden

Mit 28 Graphiken von David Fried
Vorwort: Claudia Hahm

bund-bibliophil

Lektorat: Gunther Heyder
Herstellung und Typographie: Heinz Biermann
Umschlag: Roberto Patelli, Köln, unter Verwendung einer Zeichnung
von Catherine Boswell-Fried, London
Satz: Typobauer Filmsatz GmbH, Ostfildern 3
Druck: Clausen + Bosse, Leck
Printed in Germany 1986
ISBN 3-7663-0991-9

Inhalt

Vorwort

1985 erschien in der Reihe bund-bibliophil der *Kalender für den Frieden* von Erich Fried und David Fried. Nach jeder Gruppe von Gedichten und Graphiken gab es dort ein Kalendarium, immer für ein Vierteljahr, mit Gedenktagen, einer Chronologie des atomaren Rüstungswettlaufs u. ä. Der Kalender enthielt auch kurze Prosatexte von Erich Fried und seinen Aufsatz »Abwehr der Kriegsangst«.

Da ein Kalender nach dem Jahr, dessen Daten er trägt, als veraltet gilt, die Graphiken, die Gedichte und der Aufsatz aber auch für die heutige Lage noch gelten, hat der Verlag mit Zustimmung von Erich und David Fried beschlossen, sie nochmals in Gestalt eines Gedichtbandes mit Graphiken zu veröffentlichen, erweitert um 36 neue Gedichte und eine neue Graphik. Aus dem gleichen Grund wurde auch »Abwehr der Kriegsangst« erneut abgedruckt.

Hingegen schlug Erich Fried vor, seine kurzen Prosatexte wegzulassen, um den Charakter des Bandes als Gedichtband zu wahren. Die Auswahl von neuen Gedichten erfolgte nach denselben Grundsätzen wie für den *Kalender für den Frieden 1985*. Es sind also Gedichte, in denen es um Kriegsgefahr, Lebenswillen und Friedensbestrebungen geht, um Kinder und Erwachsene. Kritische, lyrische und liedhafte Texte finden sich nebeneinander. Relativ schwerverständliche und experimentelle Gedichte, zu denen der Autor in seinem Gesamtwerk steht, hat er bewußt nicht aufgenommen. Dieselbe Art Auswahl hat sein Sohn David Fried aus seinem graphischen Werk vorgenommen.

Interessant die Zusammenarbeit zwischen Erich und David Fried, in der David Fried eine Reihe von Graphiken zu den Gedichten seines Vaters gestaltete, ebenso aber auch Erich Fried Gedichte zu den Graphiken seines Sohnes schrieb, was sich zwar von selbst ergab, aber auch den Ansichten beider über die Gleichberechtigung der verschiedenen Künste entspricht.

Erich Fried ist oft kritisiert worden, weil so viele seiner Gedichte und Prosatexte zu brennenden Fragen der Gegenwart Stel-

lung nehmen. Dies sei nicht Aufgabe der Dichtung, meinen manche und vergessen, daß dabei Arbeiten vieler bedeutender deutscher Dichter, von Walther von der Vogelweide bis zu Erich Kästner, Bertolt Brecht und Paul Celan, nicht berücksichtigt werden. Auch hat man Dichter wie Hölderlin und Celan nach ihrem Tod zu »entpolitisieren« versucht.
Außerdem sind keineswegs alle diese Verse tagespolitische Gedichte, sonst wären jetzt die meisten ebensowenig aktuell wie der Kalender eines vergangenen Jahres. Viele sind Stimmungsbilder oder zeigen Verhaltensmuster, genauso wie die Graphiken oft Stimmungsbilder sind oder menschliche Züge darstellen, manchmal in grimmiger Parodie, um gegen unmenschliches Verhalten zu protestieren und vor unser aller Entmenschung zu warnen. Außerdem wäre es ebenso kleinlich und dumm, nur bildende Kunst und Gedichte ohne politischen Bezug gelten zu lassen, wie es lächerlich und kurzsichtig wäre, nur politische Kunst interessant zu finden. Im Gesamtwerk von Erich und David Fried finden sich Werke beider Art, und beide erkennen eine scharfe Grenze zwischen diesen Bereichen nicht an.
Dem Stellungnehmen der hier vorliegenden Texte und Graphiken entspricht auch der Titel dieses Bandes, *Wächst das Rettende auch?* Dieser Titel ist ein Zitat aus Hölderlins großem Gedicht *Patmos*, dessen dritte und vierte Zeile lauten:

Wo aber Gefahr ist, wächst
das Rettende auch.

Auch Hölderlin hat sich in seinem Leben und in seinen Gedichten gegen die Mächte der Finsternis und gegen die Unterdrükkung des Lebens aufgelehnt. Wenn Hölderlins Worte hier jetzt zu einem selbständigen Satz, zu einer Frage verwandelt sind, so deshalb, weil dies eine Überlebensfrage der heutigen Menschheit ist.

Claudia Hahm

Maurerarbeit

Weil Bauen
schwere Arbeit ist
und weil es einmal
Trümmerfrauen gab
als es fast keine Männer gab
und weil es das nächste Mal
auch keine Trümmerfrauen mehr gäbe
darum soll es kein nächstes Mal geben
darum soll das seit dem letzten Mal
mühsam Gebaute
nie wieder in Kriegstrümmern enden

Fürchte dich nicht?

Zur Umwandlung der Kirchentagslosung *Fürchte dich nicht* in die Losung: *Fürchtet euch nicht – wehrt euch – der Atomtod bedroht uns alle*

»Fürchte dich nicht«
Warum nicht?
Hast du ein Recht
dich nicht zu fürchten
solange geschieht
was geschieht?

Hast du das Recht
nicht zu fürchten
für dich
und für andere Menschen
und für die Tiere und Pflanzen
und für die Dinge
für die Zukunft
die Gegenwart
und die Vergangenheit
solange sie rüsten
zu dem
zu dem sie rüsten?

Ich würde mich fürchten
vor jedem
der heute sieht
was geschieht
und der sich nicht fürchtet
und der zu euch und zu mir
zu sagen wagt:
»Fürchte dich nicht«

Laßt euch von seinem
verzweifelten Mut
nicht Todesmut machen!
Laßt euch nicht sagen
daß ihr nichts zu sagen habt!
Habt Lebensmut:
Gehorcht ihm nicht!
Fürchtet euch!
Wehrt euch!

Fortleben nach dem Tode

Im März 1985
hat Professor Wolfgang Emmerich
der den Faschismus nie mochte
die Worte geschrieben:

»Als dann
1945
das Ende
des Faschismus gekommen war«

Also gibt es
seit über vierzig Jahren
keinen Faschismus mehr
in diesem unserem Land

Die Geschulten

Gemeinsamer Mord
ist nicht nur Mord
sondern Bündnis
weiter zusammenzuhalten
mit Blut und Knochen
und weiter zu morden:
Wer abspringt
wird selbst erschossen

So geht es von der SS
bis zu den Contras
und von Vietnam
bis zu den Todesschwadronen:

Um das Angenehme
mit dem Nützlichen zu verbinden
lernen sie martern und morden
und schänden und schinden
Gemeinsamer Mord wird gelehrt
in besonderen Schulen
und auch Foltern
und nicht für die Schule
sondern fürs Leben

Ausgeburt

Geboren sein
in eine Welt aus Drehtüren
und vergitterten Ruinen
Geboren sein
in eine Zeit aus Schreien
und ungenauen Schatten
und aus Angst

Ausgestoßen sein
und hineingestoßen in etwas
weit fort von allem
was wächst und grün ist
und doch selbst wachsen wollen
und schreien
und schreien müssen
weil man leben will

Und ankämpfen gegen die Gitter
und die Ruinen
gegen die Drehtüren
und gegen die Schatten
und gegen die Angst

Gegen jedes Zickzack der eisernen Blitze
und gegen das Ausgestoßensein
und gegen die Schmerzen und für das Leben
und für das Recht zu schreien
und für das Recht
weit fort im Grünen zu sein
und für das Zusammensein mit Menschen
und für das Einatmen und für das Ausatmen
und wieder Einatmen
in Frieden

Feststellung beim Erwachen

Sonderbar:
Die ich im Traum treffe
sprechen
wenn sie noch leben
die fremden Sprachen der Toten

Aber meine Toten
sprechen immer nur meine Sprache
Ich verstehe sie besser
als meine Lebenden

»Laß es nicht nochmals geschehen«
sagen sie mir
und wenn ich ihnen das schwören will
wache ich auf

Gerüchte vom Kapital

Als Kind hört ich, ich weiß es noch wie heute,
die Reime über erblich reiche Leute.
Zuerst erklärte man ganz einfach da,
der Reichtum stamme schon vom Herrn Papa.
»Doch woher hats der Großpapa bekommen?«
»Der hats – genommen.«

Einst, als man »Eigentum ist Diebstahl!« sagte
und sich noch nicht mit Marx und Engels plagte,
da hieß es: »Wo tats Großpapa sich holen?«
»Der hats gestohlen.«

Doch heutzutag ist man zivilisierter
und in der Wirtschaftslehre viel versierter.
Da heißts: »Wer hats dem Großpapa spendiert?«
»Der hats akkumuliert.«

Vor dem Fremdesten

Für Ingeborg Drewitz

Leben
– sonst keine Wahl:
entfremdet oder
befremdet –
leben geblieben
trotz allem
dank allem
bisher

bis zu diesem Hierher
und wie weiter?
Und vielleicht
kann nur Trotz
der Dank sein

Leben geblieben
nicht
um zu sterben
an jenem
Fremdesten
mit dem wir
– sagt man uns –
leben
mit dem wir uns
– heißt es –
befreunden
mit dem wir
vertraut tun sollen

Zaire-Gedicht

Wie schön das Unrecht klingt
in fernen Ländern:
Mobutu,
Kasavubu,
Moise Tschombe!

Nur der Name des Ermordeten,
Patrice Lumumba,
ist ein Schrei
der nicht erstirbt
durch die Jahrzehnte

Und die Namen der Gefangenen von Zaire
der Gefolterten
und der Verschwundenen von Zaire
werden leben
und werden erinnert werden
wenn Mobutu schon längst den Weg
Moise Tschombes gegangen sein wird

Die Wahrheit

Was wollt ihr wissen?
Die Wahrheit?
Die Wahrheit worüber?
Die Wahrheit über Honduras?
Die Wahrheit ist einfach.
Die Wahrheit steht an der Grenze.
Die Grenze zwischen der Lüge
und der Wahrheit
ist die Grenze zwischen Honduras
und Nicaragua.

In Honduras stehen die Contras,
die die CIA unterstützt.
Sie sind 15000 Mann und fallen nach Nicaragua ein und
kosten die CIA im Jahr 50 Millionen Dollar für Sold allein.
Wer abspringen will, wird erschossen. Und sie lassen in den
Bordellen von Honduras ihre Dollars und ihren Samen:
»Mit Gott gegen Kommunismus.«

Dort in Honduras, vier Kilometer vor
der Grenze von Nicaragua aber stehen
nicht nur die Contras der CIA, sondern auch
reguläre amerikanische Truppen:
Stacheldraht um die Zeltstädte, strenges Training,
zweihundert Mann allein die US-Fallschirmjäger,
die passen hier auf die Freiheit auf wie damals
die Berater in Vietnam und ihr ganzer Nachschub.

Was sagen die Boys aus den Staaten,
wenn man sie fragt?
Sie sagen: »Die Contras, die fügen den Kommunisten
nur Nadelstiche zu. Wir aber warten.
Wir fuchteln den Nicas vor der Nase herum.
Das macht sie knieweich.
Und dann – versteht ihr? – spielen wir Grenada.«

Das ist die Wahrheit an Nicaraguas Grenzen.
Sie hat Spitznamen wie zum Beispiel »die fette Visage«.
Das ist der Kommandant Hugo Villagra Gutierrez,
schon unter Somoza ein Folterer und ein Mörder
und in den letzten vier Jahren ein Massenmörder.
Das sind die gegen die Nicaragua kämpfen muß.
Denn die Freiheit kennt genau wie die CIA
keine Grenzen.

Kalter Tag im März

Die Liebe höret nimmer auf
der Winter der fängt nie mehr an
Der Frühling kommt
das glaube ich
Dann kommt der Sommer ohne Herbst

Es gibt kein Kranksein und auch kein
Verfallen in den nächsten Krieg
das glaube ich
das hoffe ich
Die Liebe hört
und hört uns zu

Sie hört uns zu
dann hört sie auf
Der Frühling der fängt nie mehr an
und ohne Sommer kommt der Herbst
Dann kommt der Krieg
Das fürchte ich

Abhilfe

Weil meine Liebe zu dir
in mir ist
und du bist weit
bin ich in Gefahr
mich in meine Liebe zu dir
zu verlieben

Weil meine Sehnsucht nach dir
in mir ist
und du bist weit
bin ich in Gefahr
mich in meine Sehnsucht nach dir
zu verlieben

Weil meine Trauer
daß du so weit bist
in mir ist
bin ich in Gefahr
mich in meine Trauer
zu verlieben

Doch ich muß nur
die Augen zumachen
und sehe dich vor mir
dich und nicht meine Liebe
und nicht meine Sehnsucht
und nicht meine Trauer

Und dann
weiß ich endlich wieder:
Ich liebe nicht meine Trauer
und nicht meine Sehnsucht
und nicht meine Liebe zu dir –
nur dich

Haltestelle

Die an den Haltestellen warten
und Schatten werfen
im Schein der Straßenlaternen
und manchmal fast aussehen
als wären sie aufgehängt an ihnen –
einfache Menschen
von der Arbeit des Tages müde
die warten auf den Bus
auf Zuhause
auf ihren Abend
die sollen leben bleiben
und nicht sterben in einem Krieg

DAVID FRIED
1976

Zustand

Ich habe zwei große Tiere
die Wahrheit und die Trauer
Ich füttere beide
mit allem was ich besitze

Wenn die Wahrheit
größer wird als die Trauer
frißt die Wahrheit die Trauer auf
das hoffe ich

Wenn die Trauer
größer wird als die Wahrheit
frißt die Trauer die Wahrheit auf
das fürchte ich

Ich habe mich geirrt
Nicht ich hatte die zwei Tiere
die Wahrheit und die Trauer
sondern sie hatten mich

Ich habe sie gefüttert
mit allem was ich hatte
Das war kein Irrtum
denn sie haben mich aufgefressen

Jetzt bin ich in ihren Bäuchen
oder in ihrem Bauch
denn vielleicht sind die beiden nur eines
die Wahrheit und die Trauer

Anrufung

Wurzel und Stamm der Freiheit
Schutzgöttin meiner Kinder
Unzufriedenheit
Bleibe mir immer im Herzen

Ich will dich umarmen
vor dem Einschlafen und beim Erwachen
Ich will dich liebhaben
weil ich mich und andere liebe

Weil ich die Menschen
und weil ich das Leben liebe
will ich dir treu sein
und will deiner würdig sein

Unzufriedenheit
Helferin auf meinen Wegen
wenn mich alle verlassen
verlaß mich du nicht!

Die Stadt der Räder

Kein Rad
in der Räderstadt
nur ein Netz von brüchigen Pflastersteinen
das zugleich ein durchsichtiges Netz ist
und über dem Boden schwebt
und die Frau mit dem Korb ist so brüchig
wie die Steine auf denen sie steht
und das Haus mit den Grabkammerfenstern
und die beiden knurrenden Tiere

Und doch hebt Rundes sich ab
von getürmten und liegenden Steinen
und nur was lebt, das ist rund
und was lebt, das will überleben
und nicht Menschenruinen
und nicht Hunderuinen sein.

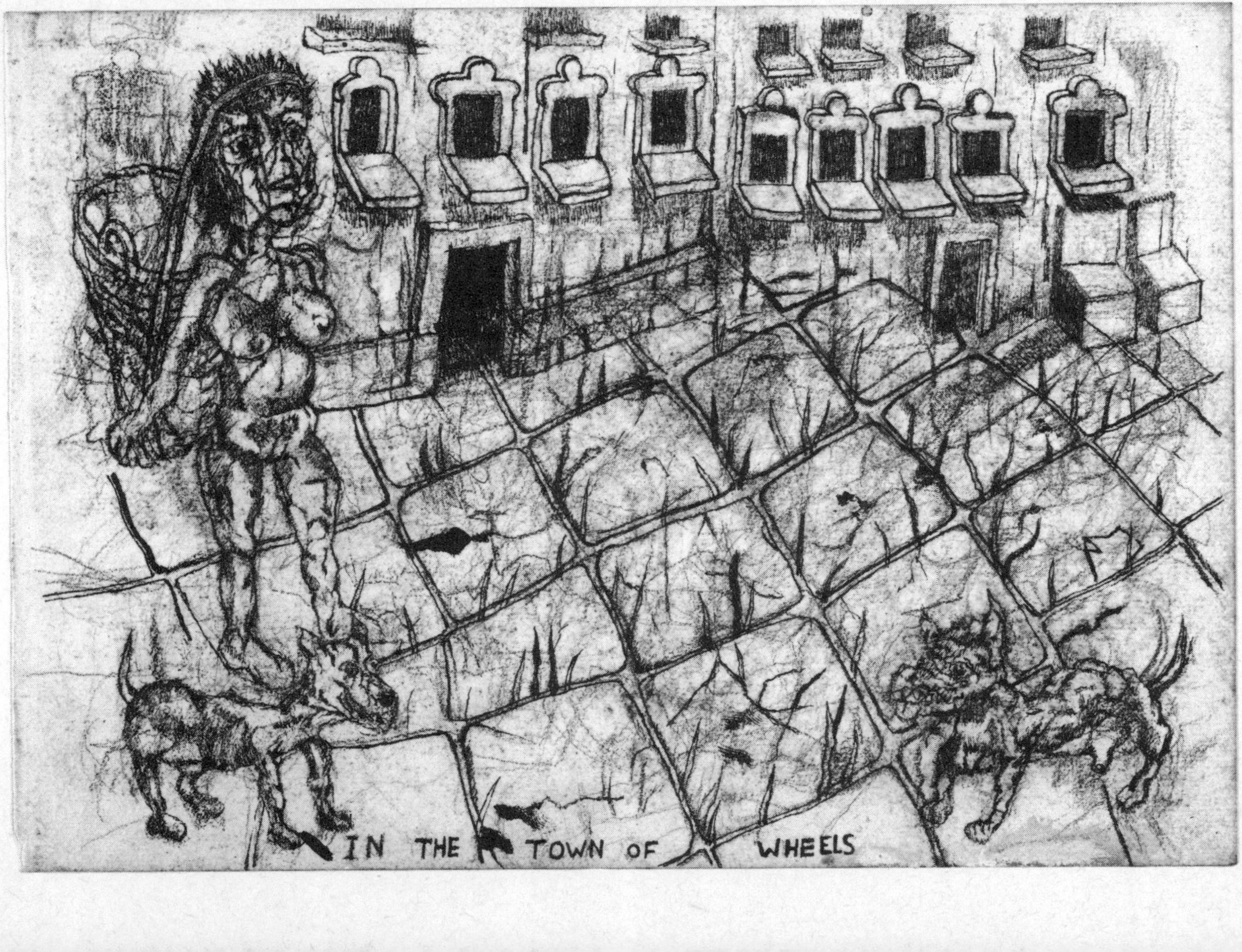
IN THE TOWN OF WHEELS

Die Ballade vom dummen Delphin

Eine wahre Geschichte

Es ist gar nicht zu glauben, wie dumm
so ein Delphin sein kann,
obwohl es doch immer heißt,
die sind so gelehrig.

Da haben die Amerikaner diesen Delphin
sorgfältig abgerichtet für teures Geld
ganz zu schweigen vom Aufwand
für Geheimhaltungsmaßnahmen,
die sich in so einem Fall
ja von selbst verstehen.

Das Tier wurde trainiert
mit einer Bombenattrappe
hinzuschwimmen zu einem feindlichen Schiff
und dann die Auslösevorrichtung
in Gang zu setzen
um die Bombe
zur Explosion zu bringen.

Mehr als hundertmal
hatte das dumme Tier
das ganze Programm
von A bis Z erfüllt.
Nun aber gab man ihm
eine wirkliche Bombe,
die natürlich genau so aussah
und soviel wog wie die Attrappe
Mit der sollte es hinschwimmen
zu einem alten Kasten,
den die amerikanische Flotte
für den Versuch opfern wollte
und ihn versenken
und natürlich auch selbst dabei draufgehn
Zwar schade, aber
so ein Praxisversuch muß sein.

Aber alles ging schief,
denn dieser selbe Delphin,
der die Vorproben hundertmal
glänzend bestanden hatte,
spielte auf einmal verrückt
und war durch nichts zu bewegen,
die wirkliche Explosion
auszulösen.

Wahrscheinlich lebt er noch heute,
wenn ihn die Amerikaner
in ihrer verständlichen
Enttäuschung nicht umgebracht haben.
Aber das zeigt:
Auf Tiere ist doch kein Verlaß,
auch wenn sie noch so gescheit
und gelehrig scheinen.

Wenn die Menschen so dumm
wären wie dieser Delphin,
dann könnten alle Raketen und alle unsere
wirklichkeitsnahen Manöver und überhaupt
die Wehrerziehung im Ernstfall
herausgeworfenes Geld sein.

Allerdings ist auch nicht klar,
ob dieser Delphin
gebürtiger Amerikaner war,
oder nur eingebürgert.

Die Fragen

Vater, zu wem soll ich beten
zu Gott oder zu den Raketen?
Zu den Raketen mein Kind
weil sie dir näher sind!

Mutter, an was soll ich glauben
wenn sie die Zukunft mir rauben?
Wer an Raketen glaubt
dem ist alles erlaubt

Priester, auf was soll ich hoffen?
Wer hält den Himmel mir offen?
Hoff auf Raketen, mein Sohn
die tragen dich himmelwärts schon

Keine olympische Fackel

Es brennt
Was brennt ist ein Mensch
Wie lange brennt ein Mensch?
So lange bis er erstickt wird

Das heißt bis der Mensch
erstickt wird vom Rauch
und kein Mensch mehr ist

Das heißt bis die Flamme
erstickt wird von einem Mantel
Das heißt bis der Brand
erstickt wird von der Zensur

Das ist nicht so einfach
Ein Mensch brennt da und brennt dort
ein Mensch ist ein Irrlicht

Ein Mensch ist kein Irrlicht
Ein Mensch ist nicht nur eine Sage

Ein Mensch brennt sehr lange
ein Mensch unter Napalm oder
ein Mensch getränkt mit Benzin
Das ist Selbstentzündung

In Vietnam und in Washington
in Lateinamerika oder
in einem arabischen Land oder wo immer

Ein Mensch
der vielleicht ein Student war oder ein Priester
Prometheus als Phönix
eine schreiende Flamme
entzündet am Feuer von Auschwitz
brennt kürzer und länger als das wogegen sie brennt

Trost

Was mich manchmal fast tröstet
ist daß es Menschen gibt
die untröstlich sind
über eure Vertröstungen
und entrüstet sind nach wie vor
über eure
Nachrüstungen und Vorbeugerüstungen
die voller Besorgnis sind
über eure Entsorgungen
und die sich nicht frei fühlen
sondern von eurem System gefangengesetzt
wenn ihr verlautbart
daß wieder Arbeiter »freigesetzt« werden

Leben

Aber leben bleiben
Ich lebe und du sollst leben
Leben heißt Krieg hassen
Leben heißt Friede heißt Hoffnung

Leben heißt unsere Zeit retten
auch uns selbst
Wir wollen leben
Wir wollen nicht töten und sterben

Leben! Nicht töten wollen!
Leben heißt gegen den Tod sein
Leben heißt leben
und für das Leben sein

Leben gegen den Strom
Leben gegen den Haß
Nicht der Feind ist der Tod
sondern der Tod ist der Feind

Die Kinderbombe

Denk dir:
Alle drei Tage
fällt eine
Hiroshima-Bombe

Hunderttausend Menschen
hat sie sofort getötet
Vierzigtausend
sind dann später an ihr gestorben

Doch die hunderttausend Toten
der neuen Bombe
die alle drei Tage fällt
sind nur kleine Kinder

Hunderttausend Kinder
einmal alle drei Tage
Das sind eine Million im Monat
oder zwölf Millionen im Jahr

Und zwölf Millionen Kinder
unter fünf Jahren
verhungern im Jahr als die ersten
Toten des Dritten Weltkriegs

Weil wir das Geld verbrauchen
das ihr Leben erhalten könnte
für das Wettrüsten: zwei Millionen
Dollar in jeder Minute

Kinderlied von der Aufrüstung

Sie haben neue Gewehre erfunden
Die Kugeln
summen nur rund um den Kopf
und fliegen dann auf in den Himmel

Refrain:
Wenn das die neuen Waffen sind
wollen wir rüsten,
Aber sonst soll uns keiner einreden
daß wir das müßten!

Sie haben neue Handgranaten erfunden
Wenn die explodieren
knallen sie nur ganz leise
und verstreun Schokoladepralinen
(Refrain)

Sie haben neue Bajonette erfunden
Wenn man mit denen
zustoßen will
dann werden sie weich und weinen
(Refrain)

Sie haben neue Dolche erfunden
Die lachen
jeden aus, der sie zückt
und fliegen ihm zwitschernd davon
(Refrain)

Sie haben neue Nervengase erfunden
Die gehen
nur denen auf die Nerven
die viel Geld verdient haben mit ihnen
(Refrain)

Sie haben neue Raketen erfunden
Die fliegen
ihren Kriegsministern ins Maul
als Zigarren die scheußlich schmecken
(Refrain)

Sie haben neue Generäle erfunden
Wenn die
wieder Krieg führen wollen
dann werden sie Regenwürmer
(Refrain)

Sie haben neue Präsidenten erfunden
Wenn die
den Atomkriegsknopf drücken wollen
dann werden sie Coca-Cola
(Refrain)

Sie haben neue Kriege erfunden
Die ziehen denen
die sie anfangen wollen
einfach die Hosen aus
(Refrain)

Scharfe Zeiten

Liebevoll
nähert sich mir
schon die nächste
Enttäuschung

die mein
politisches Lied
in den Mund mir
zurückwirft

daß es nicht
Halt sucht
an festem Glauben
und Hoffnung

nur immer wieder
an Furcht
und Mitleid
und Zorn

Drohliedchen

Wer schwelgt
hat bald geschwolgen
wer welkt
hat bald gedürrt
und beiden droht der Golgen
zu dem das Volk sie führt.

Das Volk ist oft fürs Henken
(Man hat es falsch gelehrt,
denn lehrte man es denken
verlör es seinen Wert!)

Das ist nicht falsch geklungen:
Der Mehrwert ist gemeint!
Und der euch das gesungen
der ist nicht euer Feind.

Der hält euch nicht zum Naaren,
haßt Krieg und Ausbeutung
auch noch mit grauen Haaren –
(doch wär er gern noch jung!)

Änderung

Änderung bringen
zum Guten –
Doch wie
mit diesen
zum Schlechten
veränderten Menschen?

Also erst die Menschen
verändern
zum Guten –
Doch wie
in dieser
zum Schlechten
verändernden Welt?

Also nichts mehr tun?
Oder tun
aber nicht mehr bedenken
daß es sinnlos ist?
Vielleicht
bleibt es dann
doch nicht sinnlos
in dieser
veränderlichen Welt?

Idyll

»Die Bäume wollen nicht mehr«
sagen die Frösche
»Die Fliegen dürfen noch nicht!«
zwitschert der Fink

»Das ist Unsinn«
brummen die Regenwürmer
»Ist Sinn denn besser?«
wirft die Gießkanne ein

Am unteren Ende des Gartens
meint der Igel
zu seinen Jungen
»Die Eule ist hoffentlich krank«

Im verfallenen Schuppen
haspelt die Spinne langsam
im Weiterkriechen
den Faden Tod aus dem Leib

Sie verstecken sich

Die Kinder verstecken sich hinter den Beerenbüschen
Die Kinder verstecken sich hinter einem Holzstuhl
Die Kinder verstecken sich hinter einem Käfer
Die Kinder verstecken sich hinter einem Vater und einer Mutter
Elisabeth Borchers

Wieviel Beerenbüsche sind nötig
um sie zu verstecken
vor einer Atomrakete?
Wieviel Holzstühle
oder auch wieviel Käfer?
Wieviel Väter und Mütter
können die Kinder verstecken
vor wieviel Atomraketen
und wie fangen sie das an?

Es gibt zuwenig Beerenbüsche im ganzen Land
Zuwenig Holzstühle gibt es in allen unseren Städten
Zuwenig Käfer auf den Wiesen oder im Wald
um die Kinder vor den Raketen zu verstecken

Aber es gibt nicht zuwenig Väter und Mütter
um ihre Kinder zu retten vor den Raketen
Nur müssen die Väter und Mütter
erst aufhören sich selbst
verstecken zu wollen vor dem
was sie wissen und fürchten
und müssen aufspüren was man vor ihnen versteckt
und was man mit ihnen tun will
und wer dieser Mann
und sein Vordermann und sein Hintermann
eigentlich sind

Und sie müssen die Karten mit denen um sie
und um ihre Kinder gespielt wird
endlich aufdecken und auf den Tisch legen lernen
Denn sie müssen nicht machtlos sein
wenn sie nur endlich hören wollen
Aber wer jetzt nicht hören will
der muß aufhören
Und nicht nur er selbst muß aufhören
sondern auch seine Kinder

Denn die Käfer
und Holzstühle
und Beerenbüsche sind nicht genug
und auch die Väter und Mütter sind nicht genug
wenn sie nichts tun als warten
bis die Raketen fallen
und dann erst ihre Kinder
verstecken wollen

Dringende Frage

Als wir Kinder waren
wollten wir immer
– ich weiß noch –
als Erfinder oder als Ärzte
den Tod besiegen

Die Kinder von heute hoffen
wenn sie überhaupt noch hoffen
dem großen Tod
– wenn er kommt –
irgendwie zu entrinnen

Das Leben ist nicht schwächer geworden
aber der Tod
wird – scheint es – stärker
oder stärker gemacht
Von wem?

Korrektur eines Feindbildes

Nicht der schlechte Arzt
ist dein
wirklicher Feind
sondern alles das
was aus ihm
einen schlechten Arzt
gemacht hat

Für einen Kollegen

Deinesgleichen mögen die großen Herrn
auch wenn sies nicht zugeben, gar nicht sehr gern

Die ihnen die Festesfreuden dämpfen
sind solche wie du, die weiterkämpfen

und im Kampf mit all diesen großen Tieren
nicht einmal den Humor verlieren

Anzeichen

Falls ich verbittert bin
kann mir das keiner verdenken
Auch wenn ich zynisch werde
so ist das heute verständlich

Nur darf ich nicht vergessen:
Wer zynisch wird und verbittert
dem kann man das nachfühlen
aber den haben sie geschafft

Kalender-Geschichte

Ein altes amerikanisches enzyklopädisches Wörterbuch,
Funk & Wagnall's, enthält eine »History of the World Day by Day«

In einem großen Buch
das von Tag zu Tag
die Jahrestage der Schlachten
Erdbeben, Revolutionen
Kriegsausbrüche
und großen Erfindungen angibt
und natürlich auch die großer Männer
und manchmal sogar auch Frauen

mußte ich feststellen
daß zwar Kriege
und manchmal auch Friedensschlüsse
Überschwemmungen
und auch Erdbeben
immer noch vorkommen
daß aber aus den letzten
drei oder vier Jahrzehnten
nur der Tod
großer Männer und Frauen
gemeldet wird
aber nie mehr ihre Geburt

Da das Buch einigermaßen gewissenhaft
und ohne Fälschungsabsicht
angelegt zu sein scheint
fällt es schwer
sich der traurigen Annahme zu verschließen
daß große Männer und Frauen
jetzt nicht mehr geboren werden

Gute Gründe

Weil sie vom Essen
im indischen Restaurant an der Ecke
einfach sagen
Das hat geschmeckt
wie nie zuvor

Weil sie nach einem Juniwochenende berichten
das Mitgenommenwerden in den unzähligen Autos
und das Schwimmen und Laufen im Wald
sei gewesen
wie nie zuvor

Und weil sie auch
wenn sie sich wieder verliebt haben
ihrer Mutter erklären
Diesmal ist es
wie nie zuvor

Möchte ich daß meine Kinder
– und nicht nur meine –
leben sollen
und nicht sterben
wie nie zuvor

Die Gedanken über die Arbeitsplätze sind frei

Es scheint daß die Leute
die Regierungserklärungen schreiben
keine wirklich bejahende
Haltung zur Arbeit haben
sondern heimlich denken
(man könnte beinahe sagen
klammheimlich –
aber das ist ja so gut wie verboten)
daß Arbeit
besonders Fabriksarbeit
Knechtschaft ist
eine Form der täglichen oder auch (je nach Schicht)
nächtlichen Freiheitsberaubung
die beginnt mit der Stechuhr
und mit Überwachung während der Arbeitszeit
weitergeht und mit Feierabend nicht endet
sondern nur ausgesetzt wird für wenige Stunden
und die man erleiden muß um Geld zum Leben zu haben

Mit einem Wort: Die
die Regierungserklärungen schreiben
glauben offenbar nicht
wie die Nazis
daß Arbeit frei macht
(was über dem Eingang der Konzentrationslager stand)
sondern daß Arbeit Zwang ist und Unfreiheit

Darum verkünden sie
jedes Mal wenn jetzt wieder
Arbeiter ihre Arbeitsplätze verlieren
und an die Luft gesetzt werden
nicht etwa einfach
daß wieder soviele Menschen arbeitslos werden
sondern nur: »Da werden die Arbeiter freigesetzt«

Aber wer freigesetzt wird
der wird auch gefangengesetzt:
Gefangengesetzt vom Elend und vom Gefühl
der Hilflosigkeit in einer Welt die zwar Geld hat
für Vorrüstung Nachrüstung Mitrüstung und Gegenrüstung
aber nicht für die Sicherung
eines menschenwürdigen Lebens
außer wenn wir uns selbst
freisetzen um das zu ändern

Bis man euch fortschippt

Wenn einer käme
und zu euch allen sagte:
»Binnen zehn Jahren
werde ich dafür sorgen
daß jeder Zehnte von euch
Männern Frauen und Kindern
lebendig verbrannt wird.«
Ich glaube ihr würdet euch
das nicht gefallen lassen
sondern etwas dagegen tun

Aber in Wirklichkeit
soll es nach langem Frieden
vielleicht gar nicht mehr
volle zehn Jahre dauern
sondern viel kürzer
und es soll auch nicht nur jeder Zehnte
lebendig verbrannt werden
sondern nur jeder Tausendste nicht
und ihr trinkt und sitzt da
und laßt euch das ruhig gefallen

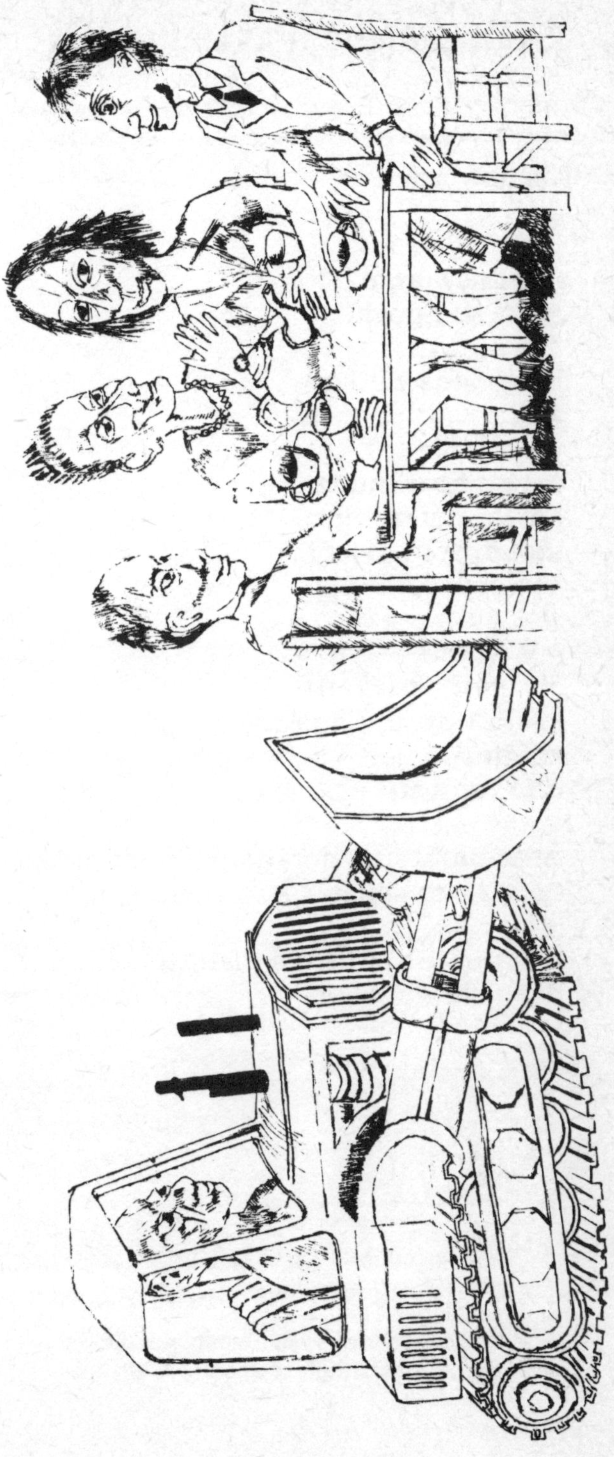

Glaube, Liebe und Hoffnung

Dem Andenken an Malvine Stein

Glaubwürdig?
Ja

Liebenswürdig?
Auch das noch

Hoffnungswürdig?
Ach
wissen Sie
meine Großmutter
hat immer gesagt:
»Solange man lebt
ist noch Hoffnung«

(sie wurde
als ganz alte Frau
in ein Vernichtungslager
abtransportiert
und vergast)

Aber mußte sie dort ganz zuletzt nicht
doch noch sehen…?

Sie mußte gar nichts mehr sehen
denn sie war blind

Ursprünglicher Titel:
Von der Glaubwürdigkeit, Liebenswürdigkeit
und Hoffnungswürdigkeit unserer Welt.

Caspar Weinbergers Zunge

Ein alter Mann
Überlebender von Auschwitz
sagte von Ronald Reagans
Verteidigungsminister:

»Dieser Caspar Weinberger
muß ein mutiger Mensch sein
oder er muß vielleicht
ein ganz starkes Mundwasser haben.«

Als ich fragte, warum,
meinte er: »Dieser Mensch
hat vor kurzem erklärt
Adolf Hitler sei damals
viel weniger arg und gefährlich
gewesen als heute die Russen. –
Da würde ich mich doch fürchten
an seiner Stelle
daß mir dafür die Zunge
abfault im Mund.«

Seestück

Auf unserem Meer
treiben
als zerbrochene Schiffe
die halben Wahrheiten
hilflos
dahin
und dorthin

Treiben ab
voneinander
und außer Sicht
oder eine stößt krachend
zusammen mit irgendeiner

Oder eine
von beiden Hälften
derselben Wahrheit
rammt ihre andere Hälfte
und beide kentern

Und manchmal
läuft nur die eine
voll
und geht unter
und die andere treibt hinaus
auf die offene See

Die Krieger

Wen sie
nicht kleinkriegen können
den versuchen sie
großzukriegen
Wen sie
nicht totschweigen können
den kriegen sie
– hoffen sie –
anders herum

Dem zollen sie
Anerkennung
die soll ihn
trennen
von seinen Freunden
die soll ihn
zahm machen
die kann ihn
entschärfen
fast immer

Dann hilft
sogar noch
sein eigenes
schlechtes Gewissen
ihn ganz und gar umzudrehen
denn er sucht gegen es
immer bessere Argumente
und wer suchet
der findet bekanntlich

Und wenn er
sie findet
dann
haben sie ihn
gekriegt

Die Ehrung

Heinrich Böll hat gesagt
im letzten Jahr seines Lebens
daß es einen Mann gibt
von dem verleumdet zu werden
schon längst eine Ehre sei
weil er fast alles verleumde
was gut sei und ehrlich in Deutschland
und als Ziel seiner Anwürfe
sei man immer in guter Gesellschaft

Und dieser Mann
hat Heinrich Böll gesagt
sei Generalsekretär
Heiner Geißler

Astrologie?

Was sagt der Himmel aus
vom ertrunkenen Ritter?
Wie stehen die Planeten?
Droht ein Unstern
oder die Sonne?

Was soll das obere Dunkel
und wer will den Drachen rasieren?
Wer regiert?
Die Königin
oder die Ratte?

Die Sterne verschweigen nichts
und der ganze Tierkreis
sagt nur
was sich spiegelt im Bad
und was alle schon wissen:

Der Mensch
ist aus seiner Sphäre
ins Haus der Bombe getreten
Der Stand des Mars
könnte der Untergang sein

Rat-race

Einen unfairen Wettbewerb
nennt man in England rat-race
also Rattenrennen
oder Rattenwettrennen

So nennt man oft auch
die freie Marktwirtschaft
Eigentlich ist das
eine Verleumdung der Ratten

Normal

Unter Hitler war es normal
jeden Befehl auszuführen
Was dabei herauskam
ist allgemein bekannt

Im Vietnamkrieg war es normal
Sevesogift abzuwerfen
zur Entlaubung der Bäume
und zu allerlei Nebeneffekten

Unter Reagan ist es normal
die Contras zu unterstützen
und die Banden der Unita
die Angola ruinieren wollen

Wenn einer zusammenbricht
erhalten Ärzte den Auftrag
ihn wieder normal zu machen
damit er mithalten kann

Eine solche Heilung
ist fragwürdig in dem Maß
in dem was normal heißt
in Wahrheit verbrecherisch ist

Wenn ich leben will

Wenn ich leben will
muß ich atmen –
atembare Luft

Wenn ich leben will
muß ich essen –
eßbares Essen

Wenn ich leben will
muß ich trinken –
trinkbares Wasser

Wenn ich leben will
muß ich wachen und schlafen –
nicht nur schlafen

Wenn ich leben will
muß ich mich selbst und andere lieben –
und gegen Krieg sein

Feindesrat

Die den Arbeitern abraten
von Selbstsucht und Selbstmitleid

leiden denn die mit den Arbeitern
wenn die Arbeiter leiden?

oder suchen sie etwas für sie
wenn die Arbeiter selbst es nicht suchen?

Helfen sie ihnen
wenn die Arbeiter Hilfe brauchen?

oder freuen sie sich mit ihnen
wenn sie sich freuen?

Wenn die Arbeiter arbeitslos sind
geben sie ihnen

die Arbeitsplätze zurück
die sie ihnen genommen haben?

Wenn die Arbeiter hoffen
teilen sie ihre Hoffnung?

und wenn die Arbeiter kämpfen
unterstützen sie ihren Kampf?

Was dann gibt ihnen ein Recht
den Arbeitern gut zu raten?

Denn sie lassen die Arbeiter
allein wenn sie allein sind

außer wenn sie sie bekämpfen
um ihren Willen zu brechen

Faustregel

1.
Wer nicht Freiheit meint
Gleichheit
Brüderlichkeit
der soll nicht
von besserer Welt
und von Zukunft sprechen

Wer Herrschaft meint
soll nicht von Freiheit sprechen
Wer Profit meint
soll nicht von Gleichheit sprechen
und wer Rache meint
soll nicht reden von Brüderlichkeit

2.
Was sein muß:
Freiheit
Emanzipation
Schwesterlichkeit

Sonst gibt es nicht
Freiheit
Gleichheit
Brüderlichkeit

In der letzten Zeit

In der letzten Zeit
geschehen
fast täglich
Dinge
die ahnen lassen
es kann
vielleicht wirklich
die letzte Zeit sein

Vielleicht aber
kommt es auf uns an
ob sie
es ist
oder nicht

OPEN
SUN FUN

Frage an Ronald Reagan & Co.

Wie viele Contras
muß eigentlich einer besolden
die in Nicaragua
Frauen und Kinder töten
und wie viele Regierungen finanzieren
die ihre Macht
auf Todesschwadronen stützen
und wie viele Antiguerilla-Schulen gründen
an denen Folter gelehrt wird
und Meuchelmord
um von den zivilisierten
westlichen Demokratien
erkannt zu werden als der
der das ist
was er andere nennt:
ein Drahtzieher
und ein Förderer
des Terrorismus?

Eigendynamik des Rüstungswettlaufs

Angenommen
ein Präsident einer Supermacht
wirbt tausend Mörder an
die jeder an jedem Tag
ein Kind in der dritten Welt
zu ermorden hätten.
Das wären
wenn alles klappt
365
mal tausend Kinder im Jahr
Aber alle Welt würde schreien:
»Der so etwas organisiert
ist ein Massenmörder«

In Wirklichkeit
hat nie noch ein Präsident
so etwas getan
aber Präsident Reagan will wirklich
1987
für seinen Krieg der Sterne
viertausendneunhundert
Millionen Dollar ausgeben
die anderen Rüstungsausgaben
nicht mitgerechnet.

In der dritten Welt sterben
am Hunger und seinen Folgen
jedes Jahr
mehr als 15 Millionen Kinder
Das sind über vierzigmal mehr
als die Leistung der tausend Mörder.
Wie soll man das nennen
vor den Kindern der dritten Welt?

Eingängig

Einladend
ausladend
mit offener Hand und
mit offenem Mund und
fast treuherzigen Augen:

»Hereinspaziert
in die sorglichen Stacheldrähte!
Hereinspaziert
in den gesicherten Raum!«

Denn auch da drinnen ist Leben
wenn auch vielleicht
unklar ob menschlich
oder tierisch
ob frei oder unfrei
Aber wer weiß schon
wo die Freiheit liegt
vor oder hinter dem Draht?
Einladend
ausladend...

Und den Frieden wird nur erhalten
wer diesem Frieden
aus Stacheldraht und aus
fast offenherzigen Gesten
und aus fast
treuherzig blickenden Augen
wer diesem bewaffneten Frieden
der da verkauft wird
nicht traut
oder wenigstens nicht mehr traut
und noch mehr
als nicht traut

Der Nichtssagende

Wer nichts zum Frieden
sagen will
aber vorschlägt
im nächsten Jahr
wieder zusammenzutreffen
um wieder nichts zu sagen
und ein Jahr darauf
wieder zusammenzukommen
um abermals nichts zu sagen
der fördert den Frieden
auf nichtssagende Weise
und die Freunde des Krieges
sehen sich vielsagend an

In der Friedensbewegung

Auch hier gibt es Ungerechte
die strenge Gerechtigkeit fordern
Und Einäugige
wollen uns sehen lehren

Ich zucke die Achseln
aber ich werde ihnen
kein Auge ausschlagen
wenn das die Blinden verlangen

***

Der großangelegte Versuch
sich aus dem Gestank der Gegner
für den eigenen Kopf
einen Heiligenschein zu zimmern

scheiterte bisher
trotz aller Bemühungen
an der geringen Eignung
des verwendeten Materials

Kriegsopfer

Zu den Spätfolgen des Zweiten Weltkriegs gehört dieser Fall:

Ein Maurer, fünfundzwanzig Jahre nach dem Krieg,
beantragte eine Rente als Kriegsbeschädigter.
Seine Tochter habe vor kurzem ein Kind bekommen
und er leide seither
an einem Magengeschwür

Auf die Frage
wieso das als Kriegsbeschädigung gelten solle
erklärte der alternde Mann unumwunden
in Polen habe er dauernd kleine Kinder erschießen müssen
das sei Befehl gewesen
und habe ihm weiter nichts ausgemacht

Auch in den Jahren später
sei er gut drüber weggekommen
keine Albträume oder dergleichen
aber jetzt sei das anders

Jedes Mal
wenn er sein Enkelkind sehe
obwohl er es liebe
bekomme er heftige Magenkrämpfe
und müsse dann immerfort an damals denken
Es sei also klar
daß er ein Kriegsopfer sei

Dem Antrag des Mannes auf Rente
wurde nicht stattgegeben
und der Arzt der ihn untersuchte
gab ihm den Rat
er solle doch einfach
sein Enkelkind nicht mehr sehen

Das südkoreanische Flugzeug

269 Tote
das sind
269 Tote
und keiner weniger
wie immer die eine Seite zu dieser Tat kam
und wie viele Menschen auch immer
die andere Seite tötet
oder töten läßt
in vielen anderen Ländern derselben Welt

Ich habe auch sagen gehört:
»Es wäre mir lieber gewesen
unsere Machthaber hätten so eine Tat begangen
damit sie jetzt nicht wieder Haß schüren können
und nicht zum Krieg hetzen können.«
Doch mir wäre nur eines lieber:
Daß diese Toten noch lebten!
Und unsere Machthaber begehen schon Taten genug

Und es gibt keine richtigen Toten
und es gibt keine falschen Toten
Es gibt nur Tote
die Menschen gewesen sind
auch wenn sie Menschen mit falschen Ansichten waren –
als wüßten wir haargenau
was die richtigen Ansichten sind

Wir Lebenden müssen alle Toten betrauern
und müssen jetzt versuchen dafür zu sorgen
daß das Unrecht der einen
den andern nicht dient als Dünger
durch den ihr eigenes Unrecht
siebenfach Früchte trägt

Prag, 21. August 1968

»Pravda vitězí«
hat Jan Hus gesagt
Pravda heißt Wahrheit
vitězí heißt siegt

Pravda vitězí
heißt also nicht
Die Pravda siegt
sondern Die Wahrheit siegt

Schmerzliche Überlegung in einem Machtblock

Friede und Freiheit
sind untrennbar
habe ich sagen gehört

Ich hätte dazu
gern Ja gesagt
und ich glaube

Auf lange Sicht ist
etwas Wahres
an diesen Worten

Ohne Freiheit
auf die Dauer
kein Friede im Land

Aber Vorbedingung
für Frieden
darf Freiheit nicht sein

Denn zur Not
kann Friede
auch ohne Freiheit bestehen

Aber Krieg
kann keine Freiheit mehr bringen
nur Tod

Wir wollen leben

Denn wir wollen nicht
unsere eigenen Totengräber sein!
Und gäbe es denn noch Gräber
in einem Dritten Weltkrieg?

Waren nicht diese berühmten Massengräber
die die Amerikaner aushoben
bei ihren deutschen Manövern
lächerlich optimistisch?
Denn wer begräbt noch
die Toten eines Atomkrieges?

Gewiß, auch die Bundeswehr hat bei ihren Manövern
Massengräber gegraben
nur hat sie das nicht
an die große Glocke gehängt wie die Amerikaner
Aber im Grunde
war es der gleiche Unsinn

Wir brauchen nicht Massengräber
und nicht neue Soldatenfriedhöfe
Lasset die Toten ihre Toten begraben
Aber die Lebenden
laßt gar nicht erst morden und sterben:
Wir wollen leben

RiP

Ein Unwort

Es heißt: »Die Vergangenheit
ist längst bewältigt«
oder: »Das Nichtvergessenkönnen
bewältigen«
oder: »Die Staatsverdrossenheit
muß bewältigt werden«

Ich habe von all dem bisher
noch nichts bewältigt
weder die Angst vor dem Alten
noch die vor dem alten Neuen
Nur dieses Wort »bewältigen«
müßte bewältigt werden

Von deiner Freiheit

Aber nachts im Traum
willst du immer noch
alles erkennen
und willst liegen in meinem Arm
und sprechen
und ehrlich
und frei sein
Nur am Tag
trittst du zu wenig ein
für dich und für mich
und weichst Schritt
um Schritt
zurück
von dem was du denkst
und was du geplant hast

Aber am Tag
trittst du zu wenig ein
für dich und für mich
und weichst Schritt
um Schritt
zurück
von dem was du denkst
und was du geplant hast
Nur nachts im Traum
willst du immer noch
alles erkennen
und willst liegen in meinem Arm
und sprechen
und ehrlich
und frei sein

Die Machthaber an die Mütter

Die euere Söhne
aufhetzen gegen uns
tragen Blutschuld
an ihrem Blut
falls wir
es vergießen müssen

Darum zeigt sie uns
rechtzeitig an
die Hetzer
die euere Söhne
durch so selbstmörderische Gedanken
verderben wollen

Dann werden nur die
die verdiente Strafe erleiden
doch euch werden wir belohnen
indem wir euere Söhne
frei ausgehen lassen werden
oder doch fast so gut wie frei

Diese Toten

Im Gedenken an die Nacht der Judenverfolgung (»Reichskristallnacht«)
in Deutschland am 9./10. November 1938

Hört auf, sie immer Miriam
und Rachel und Sulamith
und Aron und David zu nennen
in eueren Trauerworten!
Sie haben auch Anna geheißen
und Maria und Margarete
und Helmut und Siegfried:
Sie haben geheißen wie ihr heißt

Ihr sollt sie euch nicht
so anders denken, wenn ihr
von ihrem Andenken redet,
als sähet ihr sie
alle mit schwarzem Kraushaar
und mit gebogenen Nasen:
Sie waren manchmal auch blond
und sie hatten auch blaue Augen

Sie waren wie ihr seid.
Der einzige Unterschied
war der Stern den sie tragen mußten
und was man ihnen getan hat:
Sie starben wie alle Menschen sterben
wenn man sie tötet
nur sind nicht alle Menschen
in Gaskammern gestorben

Hört auf, aus ihnen
ein fremdes Zeichen zu machen!
Sie waren nicht nur wie ihr
sie waren ein Teil von euch:
wer Menschen tötet
tötet immer seinesgleichen.
Jeder der sie ermordet
tötet sich selbst

Es zieht eine dunkle Wolke...

Eine Wolke zieht über die Zukunft
Eine Wolke so schwarz wie die Nacht
Und wer hat die Wolke geschaffen
Und wer hat sie hergebracht?

Und sagen sie dort »Sozialismus«
Und hier »unsre freie Welt«
Die Wolke hört nicht und fragt nicht
Auf wen ihr Regen fällt

Und willst du noch leben bleiben
Und hast du noch Kinder zu Haus
Dann mußt du die Wolke vertreiben
Sonst ists mit dem Leben aus

Die Wolke darf gar nicht erst steigen
Die Wolke darf gar nicht erst ziehn
Und steigt sie so hat auch dein Schweigen
Ihr diese Gewalt verliehn

Geht hin wo sie Wolken brauen
Geht hin aber bald muß es sein
Geht hin alle Männer und Frauen
Und wascht euren Himmel rein

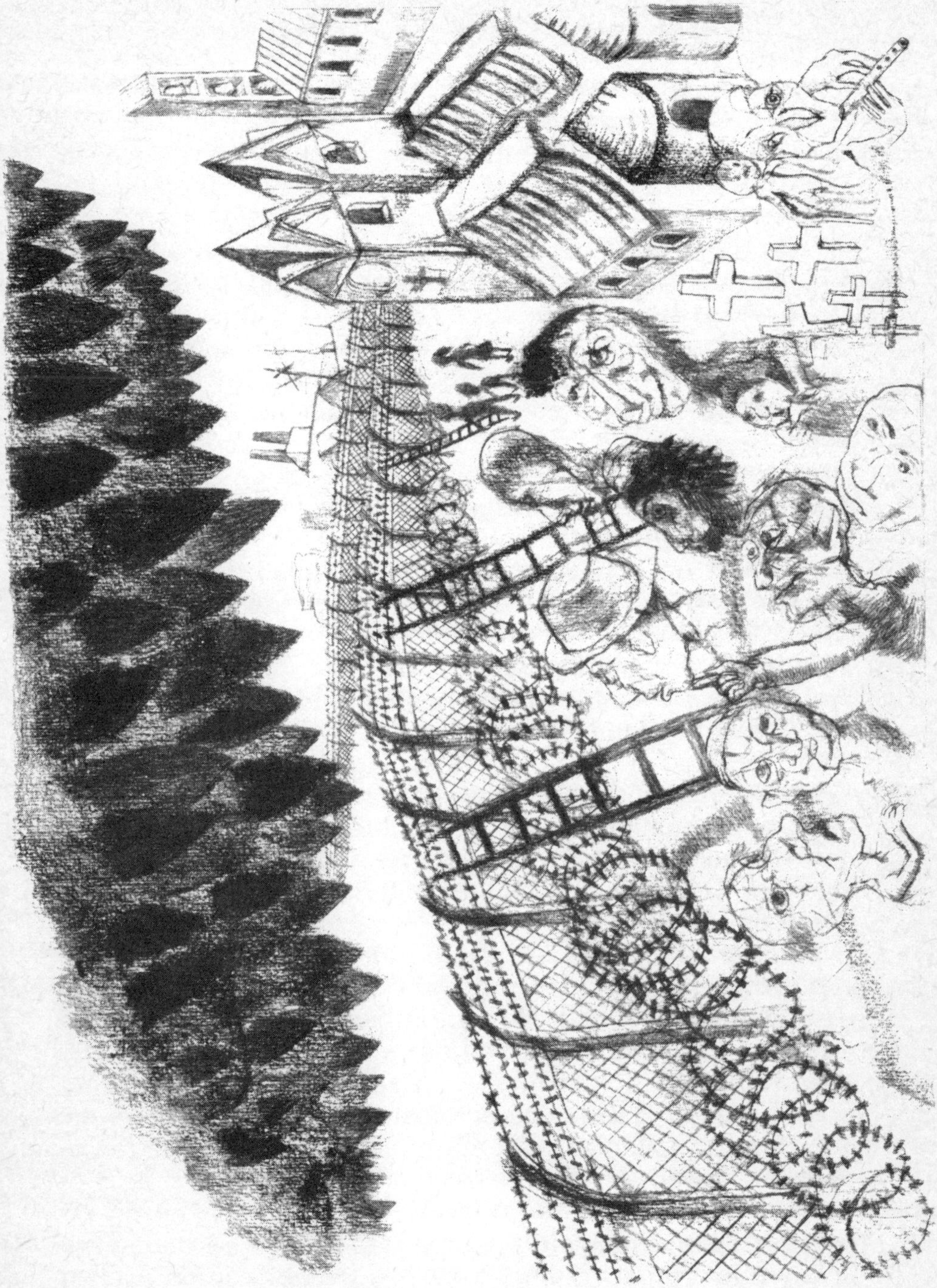

Abwehr der Kriegsangst – ein Trost?

Die meisten Bürger Deutschlands, ebenso wie die seiner Nachbarstaaten wissen, daß ein Atomkrieg in Europa ihrem Leben ein Ende machen würde. Das Vertrauen auf die abschreckende Wirkung der atomaren Hochrüstung, beschönigend auch Nachrüstung genannt, ist gering. 1983 waren bekanntlich mehr als 60 Prozent der Bundesbürger gegen die Stationierung neuer Atomraketen. Wenn der Krieg Verteidigungsfall genannt wurde, entgegneten viele, bei der modernen Kriegstechnik werde es im Verteidigungsfall gar nichts mehr geben, was man noch verteidigen könne.
Trotzdem (oder, wie wir sehen werden, auch gerade deshalb) war aktiver Protest, von Widerstand gar nicht zu reden, auf eine kleine Minderheit beschränkt. Der Durchschnittsbürger schien fast unvorstellbar ruhig die furchtbaren statistischen Einzelheiten von seiner und seiner Angehörigen wahrscheinlicher Vernichtung zur Kenntnis zu nehmen. Kaum einer unter Hunderten wird erkannt haben, daß diese Passivität Ähnlichkeit mit der scheinbaren Ergebenheit und Passivität hat, mit der sich vor einigen Jahrzehnten Millionen Juden in die Gaskammern und die Verbrennungsanlagen der Firma J.A. Topf & Söhne transportieren ließen, die dann ihre Massenverbrennungsverfahren in der Bundesrepublik patentieren ließ (»Verfahren und Vorrichtung zum Verbrennen von Leichen, Kadavern und Teilen davon«. Patentschrift Nr. 861 731, ausgegeben am 5. Januar 1953).
Wir wissen heute, daß solche Ruhe und Passivität zum größten Teil selbst eine Folge der Angst ist. Nicht umsonst spricht man von lähmender Angst. Man kann hier zwischen Furcht und Angst, in diesem Fall Kriegsangst, unterscheiden. Furcht und Angst sind Reaktionen auf etwas, was man erwartet. Furcht hat man vor etwas Bestimmtem, Angst vor etwas Ungewisserem. Man kann fürchten, auf einer Straßenkreuzung überfahren zu werden. Daher geht man nicht bei Rot über die Straße. Der Atomkrieg ist schon durch seine Ungeheuerlichkeit unvorstellbar. Darauf reagieren die meisten mit Angst, häufig mit lähmender Angst. Einfache Vorbeugemaßnahmen wie im

Straßenverkehr gibt es nicht. Es gäbe sie möglicherweise für die Machthaber der Supermächte, aber nicht für den Durchschnittsbürger. Das Bewußtsein wirklicher oder vermeintlicher Machtlosigkeit hält die meisten von Gegenmaßnahmen ab und überläßt sie der mehr oder minder hilflosen Angst. Die Folgen sind vor allem gewisse Abwehrmechanismen, die uns Luft machen wollen, aber auf Kosten unserer Fähigkeit, der realen Gefahr entgegenzuarbeiten.

Einem der häufigsten dieser Abwehrmechanismen geht man in die Falle, wenn man sich etwa sagt: »Der Atomkrieg ist der Tod« und daraufhin das Verhaltensmuster anwendet, das man sich gegenüber dem eigenen Tod angewöhnt hat, etwa: »Ich kann dagegen nichts tun. Früher oder später kommt er ohnehin. Am besten also, ich denke möglichst wenig an ihn.« Sehr leicht verständlich gegenüber dem eigenen Tod, obwohl es natürlich auch unzulänglich ist, zum Beispiel im Alter oder bei schwerer Erkrankung nicht genügend vor Verzweiflung schützt.

Der entscheidende Unterschied zwischen einem neuen Krieg und dem eigenen Tod ist aber dies: Der eigene Tod bleibt eine zwar durch gesundheitsfördernde Maßnahmen stark aufschiebbare, letzten Endes aber unabwendbare biologische Katastrophe eines jeden einzelnen von uns, wobei jedoch das Leben seiner Kinder und Freunde weitergeht. Der Atomtod aber ist eine grundsätzlich nicht unvermeidbare, sondern abwendbare gesellschaftliche Katastrophe, bei der zwar jeder einzelne auch nur einmal sterben muß, aber ohne zuvor sein Leben gelebt zu haben, anders etwa als einer, der im hohen Alter stirbt. Außerdem geht das Leben der anderen Menschen beim Tod im Atomkrieg nicht weiter, sondern endet ebenfalls, gleichfalls zur Unzeit, ehe sie ihre natürliche Lebensspanne hatten.

Es ist leicht einzusehen, daß Menschen, die von Eltern und Lehrern so autoritär erzogen wurden, daß Gehorsam und Vertrauen auf das Wort ihrer Führungsperson ihr eigenes Kritikvermögen verkümmern ließen, auch später im Leben weder ihre eigenen Denkmuster, noch andere Denk- und Verhaltensmuster, die ihnen sozusagen zur Auswahl vorgelegt werden, vernünftig beurteilen und kritisieren können. Sie werden entweder jener Autorität Glauben schenken und Folge leisten, die

jeweils die stärkste ist oder sich als solche aufspielt, oder aber sie werden, verbittert durch Enttäuschung von ihrer autoritären Erziehung, allen und allem grundsätzlich mißtrauen, ohne sachlich nach jeweiliger Glaubwürdigkeit oder Unglaubwürdigkeit zu forschen.
Wer allen mißtraut, kommt sich gewitzigt vor. Aber unqualifiziertes allgemeines Mißtrauen kann ebenso tödlich lähmen, wie autoritärer Gefolgschaftsglaube tödlich verführen kann. Erst wer seine Eltern, Lehrer und so weiter gründlich kritisieren gelernt hat und vor allem auch erinnern gelernt hat, was sie ihm in seinen ersten Kinderjahren angetan und welche Vorurteile sie ihm dadurch aufgedrängt haben, kann ihnen vielleicht zuletzt auch wieder verzeihen lernen, soweit sie selbst Opfer ganz ähnlicher schwarzer Erziehungsmethoden waren. Die Notwendigkeit dieses Befreiungsprozesses hat die bekannte Schweizer Psychotherapeutin Alice Miller in ihren Büchern (»Das Drama des begabten Kindes«, »Am Anfang war Erziehung«, »Du sollst nicht merken«) nachdrücklich betont. Wer diesen Prozeß nicht durchmacht, dessen Denkversuche bleiben zu sehr von Tabus und Vorurteilen belastet, und auch von Zorn, den er selbst nicht richtig verstehen und daher weder gegen seine eigentlichen Ziele lenken noch abbauen kann. Statt selbst frei zu werden, wird er sich für die Zeit der Ohnmacht, Entwürdigung und jedes früh im Leben erlittenen Mißbrauchs dadurch zu entschädigen suchen, daß er nun selbst Machthunger entwickelt oder sich mit Machthabern identifiziert und irrationale Feindbilder gegen andere aufbaut, um durch diesen Wandel der Rollen anderen etwas anzutun, als könne dadurch geheilt werden, was ihm einst angetan wurde. Die unvernünftigen Feindbilder unserer gespaltenen Welt sind ohne solche Folgen autoritärer Erziehung kaum zu erklären. Daß aber gerade im deutschen Kulturkreis Menschen viel autoritärer erzogen wurden und immer noch werden als etwa in Dänemark, Holland, England oder Italien, dürfte bekannt sein. In solchen Menschen können dann später im Leben Feindbilder ebenso wie Abhängigkeiten und vermeintliche Pflicht und Schuldigkeit zu Denkhemmungen versteinern, indem sie Trost, Sicherheit und Halt in einem festen und verfestigten Weltbild suchen, statt ihr Weltbild beweglich und von Veränderungen der Wirklichkeit beeinflußbar zu erhalten.

Die Angst selbst kann als Abwehr real berechtigter Furcht fungieren. Die Angst, hervorzutreten und dadurch aufzufallen, kann so groß sein, daß man dafür die Angst, einer gemeinsamen grimmigen Zukunft ausgeliefert zu sein, lieber auf sich nimmt und sie gleichzeitig aus seinem Denken zu verdrängen sucht. Besonders dann, wenn man ohnehin von seiner Machtlosigkeit überzeugt ist. Menschen in modernen Riesenstaaten und Machtblöcken sind das oft ganz und gar, auch dann, wenn sie noch auf die Freiheit ihres Landes oder ihre eigene Freiheit stolz sind oder es zu sein behaupten. Daß sie auch die Freiheit, die Möglichkeit haben, etwas zu verändern, glauben viele freilich (oft nur heimlich) immer weniger. Das ist auch eines der häufigsten Argumente, weshalb man nichts gegen einen künftigen Krieg tun will, obwohl man vor ihm Angst hat: »Hilft doch alles sowieso nichts.«
Dabei wissen wir heute, daß z. B. ohne die weltweite und auch in den USA selbst sehr starke Bewegung gegen den Vietnamkrieg amerikanische Militärs dort Atomwaffen eingesetzt hätten. Die Bewegung gegen den Vietnamkrieg konnte das verhindern, obwohl sie bei weitem nicht so stark war wie etwa heute die Friedensbewegung.
Die Überzeugung der eigenen Machtlosigkeit, durch autoritäre Erziehung begünstigt, behindert jede aktive demokratische Verhaltensweise. Sie erzeugt nicht nur Resignation, sondern auch irrationale Zorn- und Rachereaktionen, aber kann auch zu Selbstmord und Drogenabhängigkeit führen, für die dann gerade die autoritärsten Erzieher und Eltern die »junge Generation« moralisierend und leider auf diese Weise natürlich völlig ohne Heilerfolg tadeln. Da empören sich wirklich die Ursachen moralisch über ihre Wirkung! Wer so erzogen ist, daß er bisherige Kriege, Wirtschaftskrisen, Arbeitslosigkeit, Studiumserschwerung, Wohnungsnot usw. einfach als Naturkatastrophen und höhere Gewalt hinnimmt, der wird auch seine berechtigte Angst vor dem drohenden Atomkrieg verdrängen, ja wahrscheinlich wird er sogar jede Initiative dagegen als angsterregendes »böses Beispiel« ansehen, als Unbotmäßigkeit – wie etwa das Kind sie sich gegen seine strengen Eltern im Gefühl seiner Machtlosigkeit verbieten mußte. Er wird sich der Ähnlichkeit seines Verhaltens mit dem des Kindes, das er einmal war, überhaupt nicht bewußt sein. Aber,

natürlich, jeder andere, der sich auflehnt, wo er sich fügt und lieber »den Berufeneren vertraut«, wird ihm als unmäßig, als unverschämter Störenfried erscheinen.
Gerade hier haken auch, bewußt oder unbewußt, Behörden und staatliche Establishments ein, wie ja überhaupt früher der »Landesvater« und heute »Vater Staat« die von den Eltern angelegten Verhaltensmuster übernimmt, indem er sich an ihre Stelle setzt, sowohl wenn er Ängste beschwichtigt als auch, wenn er Feindbilder eintrichtern oder den jeweiligen Opponenten, den, der andere Wege und Auswege zeigen will, und den er gerne zum »inneren Feind« ernennt, schlechtmachen will.
Es gibt auch ganz andere Gründe für Abwehr der eigenen Kriegsangst: Ältere Menschen, die in unserer Zivilisation berechtigte Angst vor einem elenden Lebensende im Altersheim oder in der Greisenabteilung eines Krankenhauses haben, entwickeln oft unbewußt fast etwas wie ein Wunschbild des Atomkrieges, der ihnen ein solches Schicksal ersparen und sie – mitsamt den beneideten und oft heimlich als herzlos und pflichtvergessen gehaßten jüngeren Menschen – blitzartig hinwegraffen wird. Wer vom großen Atomtod als Rächer und Gleichmacher träumt, der glaubt überhaupt meist an das Blitzartige, Augenblickliche, das natürlich weit weniger arg wäre als die Wirklichkeit mit ihrer Mehrzahl der Strahlenkranken und Schwerverletzten, die ohne ärztliche Hilfe in einer verwüsteten Welt elend und langsam sterben müssen.
Wenigstens noch einen Grund für Verdrängung von Kriegsängsten und Ablehnung jeder Suche nach neuen Auswegen will ich erwähnen: Wer durch autoritäre Erziehung oder negative Erfahrung in schlechten Zeiten verunsichert ist, etwa auch den Verlust seines Arbeitsplatzes als eigenes Versagen, nicht als Folge der Wirtschaftskrise sieht, der hat oft vor allem Neuen panische Angst. Bisher hat er irgendwie gelebt, die Zukunft aber bringt ungewisse Gefahren und einmal sicher den Tod, an den er lieber nicht denken will. Also: Bejahung alles Bisherigen und Ablehnung aller neuen Experimente und derer, die sie befürworten! So wird er noch an die Sicherung vor dem Atomkrieg durch das »Gleichgewicht des Schreckens« glauben, obwohl keine der beiden Supermächte mehr daran glaubt und Amerika seit Jahren vom gewinnbaren Atomkrieg

in Europa spricht. (Darüber hat vor allem Horst-Eberhard Richter geschrieben, z. B. sein Buch »Psychologie des Friedens«.) Hingegen kann ein Mensch, der sich seinen eigenen Ängsten – bis zurück zu denen der frühen Kindheit, in der seine Verhaltensmuster wurzeln – gestellt und sich so neue Erkenntnisse über sein Denken, Fühlen und Tun erworben hat, auch die real berechtigte Angst und Furcht unserer Gegenwart besser ins Auge fassen und Möglichkeiten und Notwendigkeit wirksamer Gegenmaßnahmen erwägen, ohne sich deshalb als Sünder oder Störenfried zu fühlen, und ohne daß Resignation, Kopf-in-den-Sand-stecken oder Glaube an irrationale Feindbilder sein einziger Trost und Halt bleiben.

Erich Fried

Lyriker, Schriftsteller, Übersetzer.
Geboren 1921 in Wien.
1938 Flucht nach London.
Lebt in London und fünf Monate im Jahr in Deutschland.
Österreichischer und britischer Staatsbürger.
Vierundzwanzig Gedichtbände, fünf Bände Prosa, zwei Sachbücher.
Außerdem Hörspiele und Essays.
Viele Übersetzungen, darunter Dylan Thomas (vier Bände), Sylvia Plath, T.S. Eliot, sechsundzwanzig Shakespearedramen.

Preise:
Schiller-Förderpreis.
Österreichischer Würdigungspreis für Literatur.
Preis der Stadt Wien für Literatur.
Internationaler Verlegerpreis der Sieben.
Bremer Literaturpreis 1983.
Österreichischer Staatspreis für Verdienste um die österreichische Kultur im Ausland 1986.

Erich Fried

David Fried

Graphiker, Maler, Bildhauer.
Geboren 1958 in London.
Kinderjahre in Kopenhagen und London.
Erster Unterricht in bildenden Künsten
im East Ham College of Technology.
Absolvent des Hornsey Art College:
B.A. First Class Honours Degree, 1979,
und des Royal College of Art, 1980 bis 1983:
M.A. (Magistertitel für bildende Kunst) 1983.
Mehrere Ausstellungen in England.

Preise:
Stowells Trophy, Royal Academy 1978
(alljährlicher Preis für englische Nachwuchsmaler).
John Minton Award 1983.

David Fried